우리는
친구 같은 자매

글·그림 서콩

우리는
친구 같은 자매

글·그림 서콩

오윤

들어가는 말

이모티콘 작가로 활동하고 있지만, 사실 제 오랜 꿈은 만화가였습니다. 귀엽고 개성 있는 이모티콘을 만들며 행복을 느끼면서도 마음 한구석에는 항상 만화가의 꿈이 자리하고 있었습니다. 대단한 이야기가 아니어도, 나의 일상이 만화로 탄생할 수 있었으면 좋겠다는 마음은 항상 깊이 자리하고 있는 오랜 바람이기도 했습니다.

그 마음속에서 피어난 결실이 《우리는 친구 같은 자매》로 탄생했습니다. 내 이야기인 줄만 알았던 우리 자매 이야기는 여러분들의 많은 공감 속에서 여러분의 자매 이야기가 되었습니다. 더딘 꿈의 속도를 앞으로 당겨준 건 여러분들의 따뜻한 응원 덕분입니다.

우리 자매 이야기지만, '여러분의 자매 이야기'이기도 한 이 책을 온 세상의 귀여운 자매들에게 바칩니다.

감사합니다.

2024년 봄, 서콩

목차

들어가는 말	004
장난치지 말라고	014
하나도 안 무섭다	022
목소리 무슨일이야;;	031
내 방 출입 금지야!	038

이 옷 나한테 더 찰떡	045
나 노트북 좀 써도 돼?	053
언니 안 잔다	058
나 좀 이쁜 듯^.^	066
휴지 좀 갖다줘	072
맨날 뭐 없어지면 나한테 그래!	080
여기 피나잖아	090
쓰레기 좀 치우라고!	095
내 거 언니가 먹었지?	102
언니 이 옷 어때?	111
메뉴 빨리 고르라고!	118
야아~ 불 끄지 마~	124
아.. 운동해야 하는데	132

나랑 산책 갈 언니 구함	142
나 방구마료	151
도대체 뭘 싼거야	157
지가 언니면 다냐고	168
너 sns 짱웃김ㅋ	174
다롬아~ 나 한입만~	179
언니~ 나 한입만~	186
안 나가는데 왜 씻어..?	193
우리 어린 시절 놀때	202
우리 어린 시절 방학 숙제	209
우리 어린 시절 명절에 용돈 받을 때	217
왜 언니 맘대로야!	224
내가 보라고 했잖아!	232

나 아파… (1)	238
나 아파… (2)	245
누가 라면 끓여줬으면 좋겠다	253
나 카페 알바하니까 놀러와	259
히이이익!!! 벌레!!!	267
차라리 똥을 싸	278
집에 친구 데려가도 돼?	285
언니가 사주면 좋겠다	293
우산 좀 갖다줘	298
아롱이의 하루	306
다롬이의 하루	314
우리가 닮았다고?!	323
후기 만화	330

이 만화에는 자매의 현실 말투를 살리기 위해
맞춤법을 따르지 않은 부분들이 있습니다.
모쪼록 친근한 마음으로 읽어주시길 바랍니다.

장난치지 말라고

장난치지 말라고 했다

진짜 춥다고!

하나도 안 무섭다

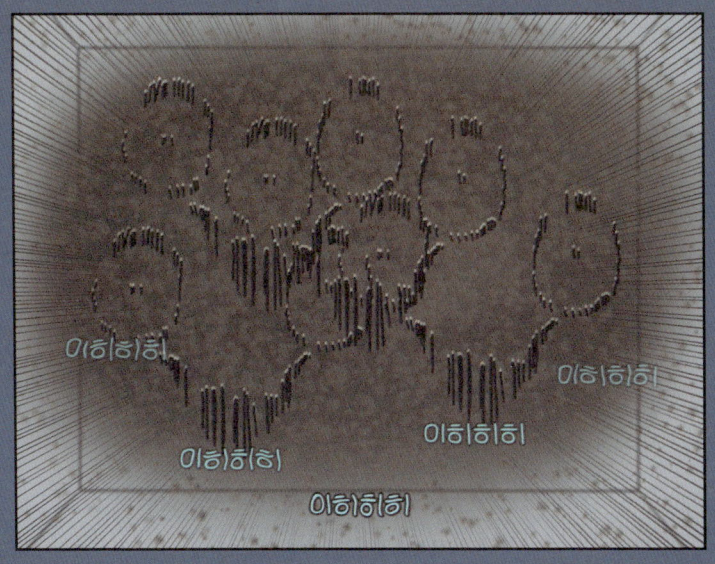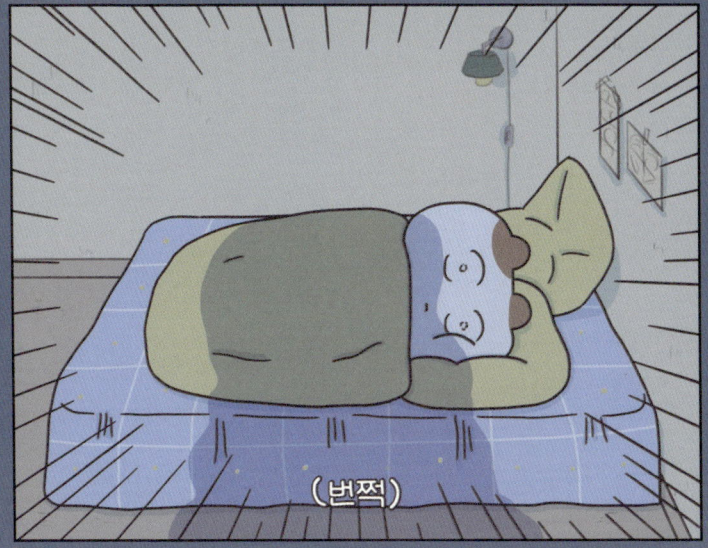

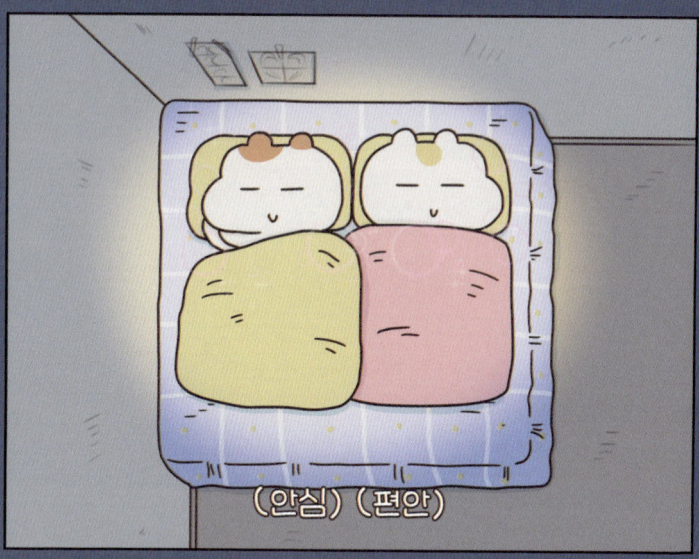

목소리 무슨일이야;;

내 방 출입 🚫금지야!

이웃 나한테 더 찰떡

이거 봐라

나 노트북 좀 써도 돼?

- 언니~ 나 언니 노트북 잠깐만 쓸게
- 그래

- 언니 노트북 잘 썼어 책상에다 둘게
- 어

언니 안 잔다

휴지 좀 갖다 줘

- 아 아니야 안 들릴까 봐 큰소리로 말한 거지 휴지 좀 주겠니?
- 더 공손하게 말해줘

- 장난치지 말고~ 빨리 언니 똥 마르겠어
- 어쩔티비

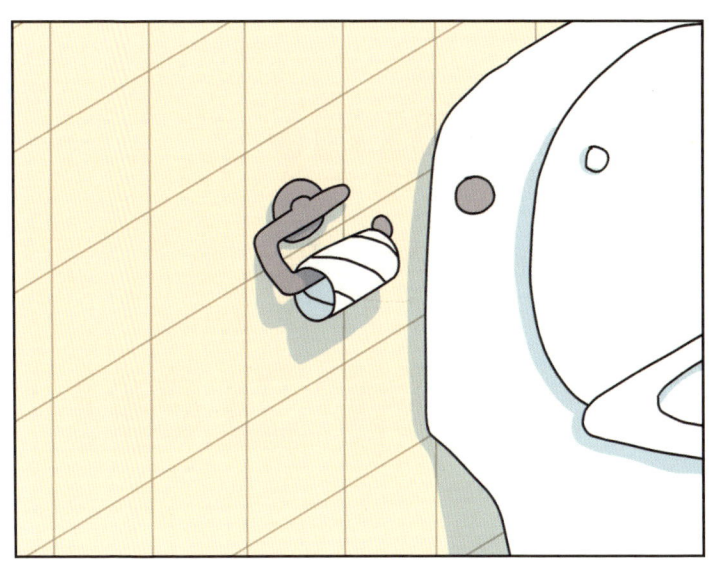

뭐만 없어지면 나한테 그래!

아닌데 진짜 안 가져갔는데

여기 피나잖아

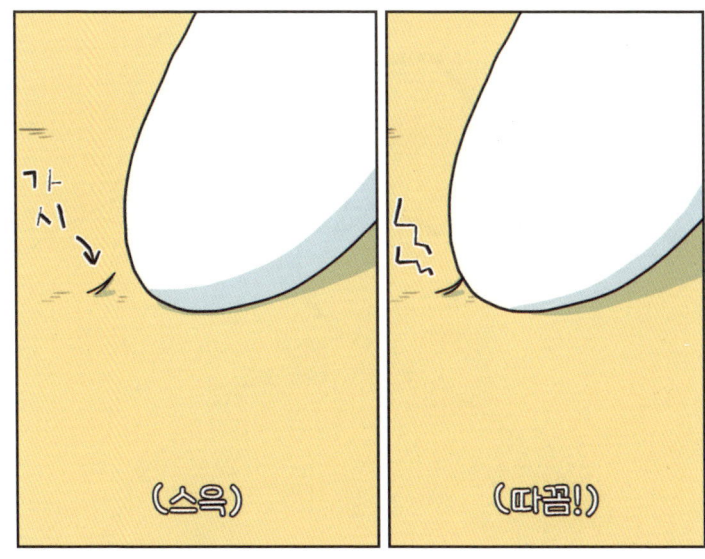

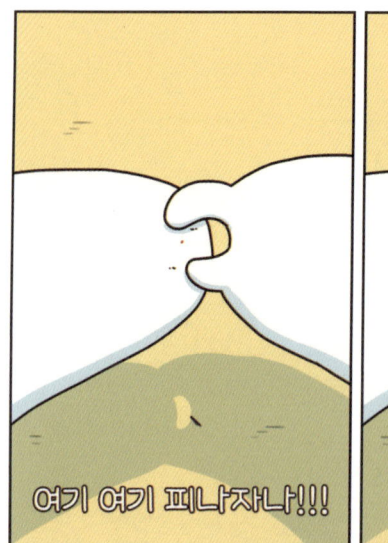
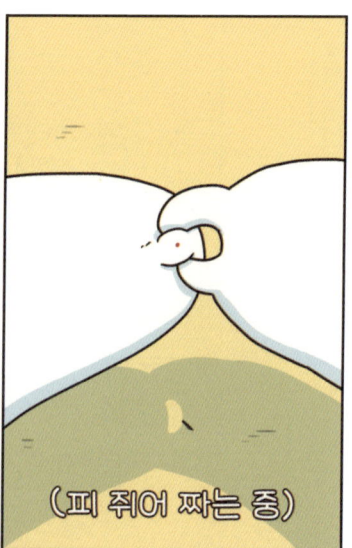

쓰레기 좀 치우라고!

내 거 언니가 먹었지?

언니 이 옷 어때?

메뉴 빨리 고르라고!

야아~ 불 끄지 마~

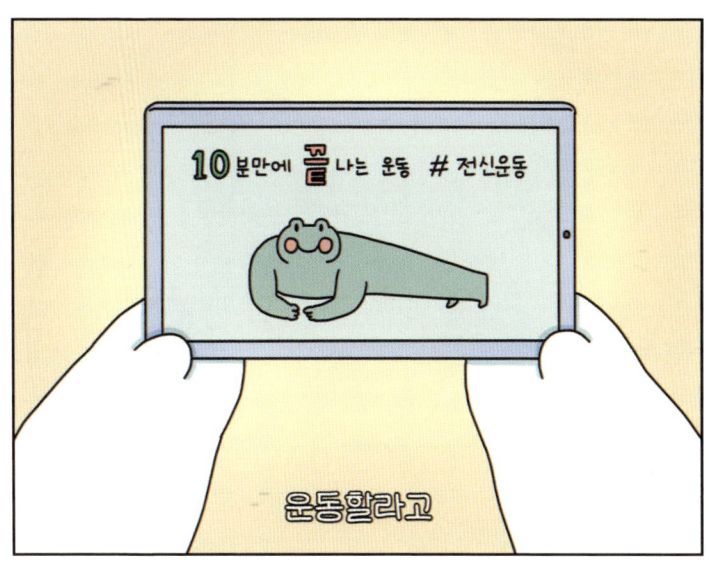

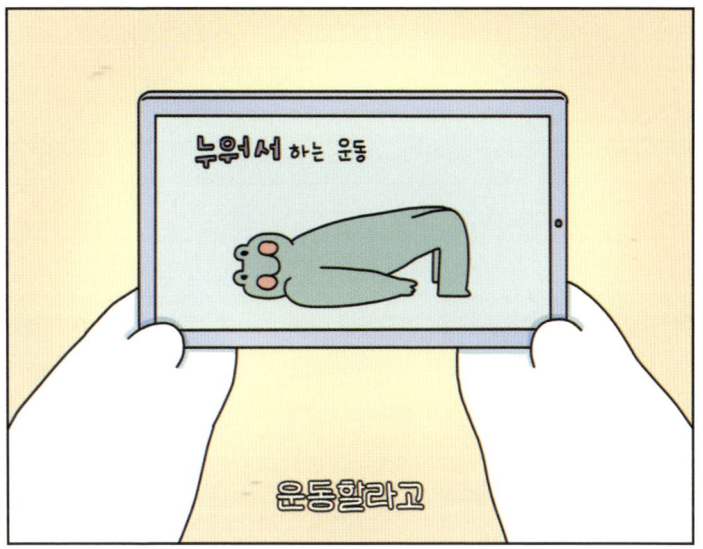

나랑 산책 갈 언니 구함

나 뿡구 마료

- 김밥에 떡볶이 먹을까 김밥에 라면 먹을까?
- 김밥에 떡볶이에 라면!!

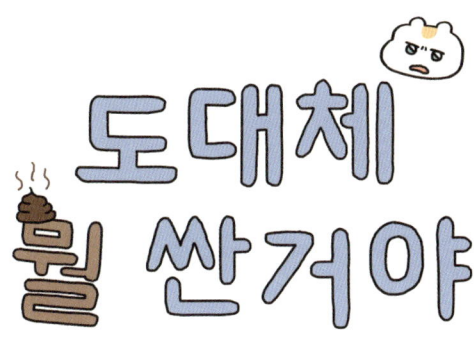

도대체 뭘 싼거야

- 그냥 평범했는데..
- 나도 똥 마려우니까 얼른 해결해 줬음 좋겠어

지가 언니면 다냐고

너 SNS 짱웃김ㅋ

- 사진이 이게 뭐냐고!
- 내 스타일임!

다롬아~ 나 한입만~

언니~ 나 한입만~

안 나가는데 왜 씻어..?

- 하~ 개운하다
- 너 머리는 안 감았어?

- 냄새 안 나는데
- ㅋㅋ악ㅋㅋ미쳤냐고ㅋㅋㅋㅋㅋ

우리 어린시절

- 나 마실 거 남겨야 돼!
- 응

- 더러우니까 입대고 마시지 마!
- 아라써!

- 푸캭!!!
- 악!!!

- 아차차차 아차거
- 헉

우리 어린 시절 방학 숙제

아니 일기 왜 쓰라고 하냐고
사생활 침해 아니냐고 지대 짱나

- 그리고 내가 청소 다했으니까 오늘 청소 안 해도 돼!
- 와 언니 최고!! 지대 짱짱!!

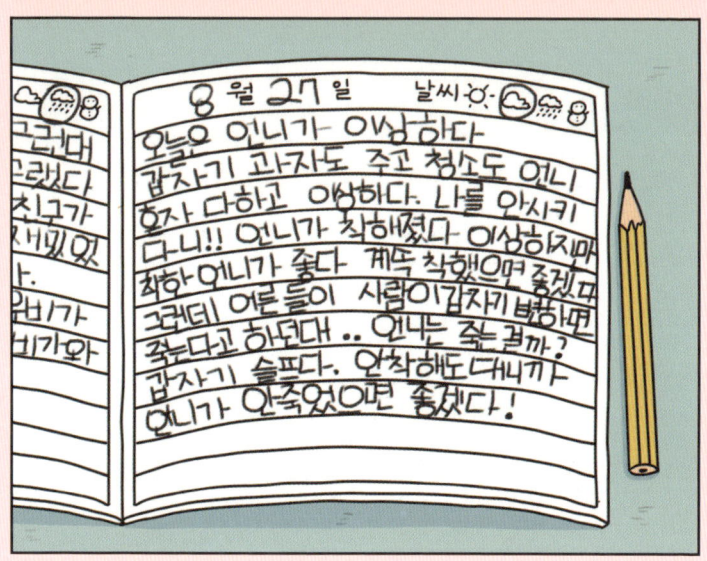

명절에 용돈 받을 때

왜 언니 맘대로야!

맞다 이번 주 주말에 쇼핑하러 갈거임

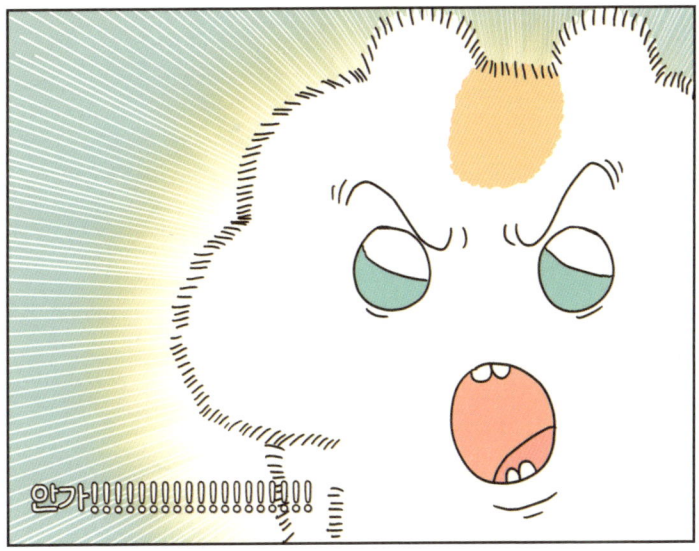

내가 보라고 했잖아!

언니 언니 '우리는 원수 같은 자매' 봤어? 그거 짱 재밌더라!!

나 아파.. 1

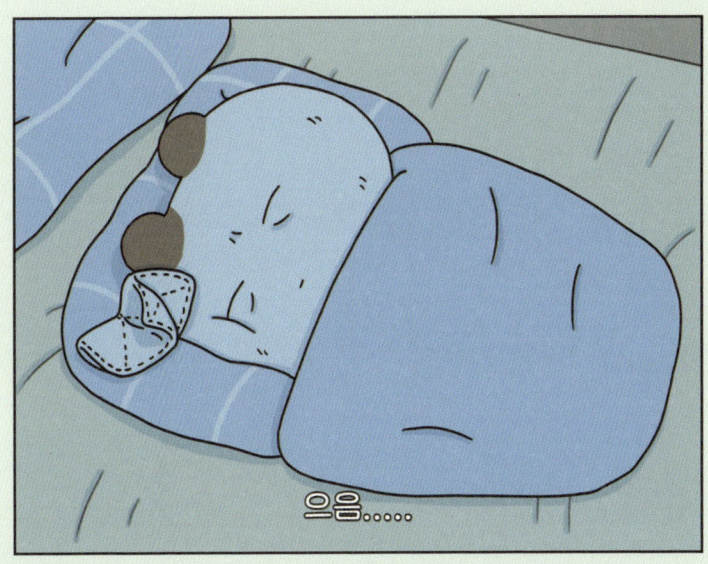

나 아파.. 2

- 나도 누가 라면 끓여주면 좋겠다
- 나도! 옆에 있는 애가 끓여주면 좋겠다

- 어떤 착한 아롱 언니가 끓여주면 좋겠다
- 나도~ 다롱 동생이 끓여주면 좋겠다

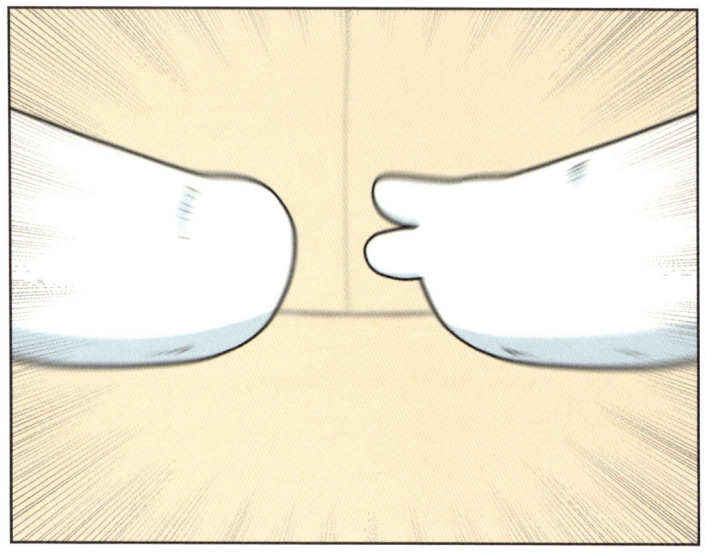

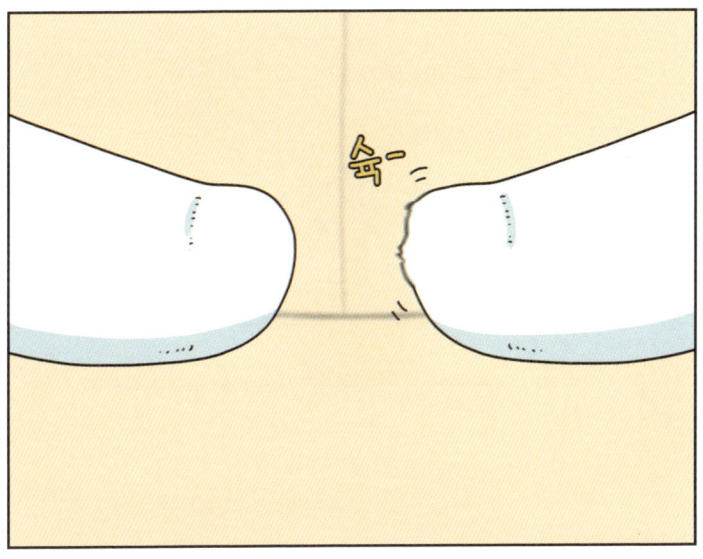

나 카페 알바하니까 놀러와

(딸랑딸랑)

- (앙칼) 저 주문 할게엽!
- 네 어디 한번 해보세요~

- 네 진동벨로 알려드리겠습니다~ 앉아 계세여~
- 누워있으면 안대여? 물구나무 서있으면여?! 꼭 앉아있어야 대여?!

- 콜록콜록
- 코로록

- 콜록.. 죽었나?
- 죽었겠지 콜록

차라리 똥을 싸

집에 친구 데려가도 돼?

- 언니 우리 왔어
- 안녕하세요

어~왔니~? 재밌게 놀다 가~ ^^

언니가 사주면 좋겠다

우산 좀 갖다줘

- 야 오늘 비 온다는데 우산 갖고 가
- 그래?

아롱이의 하루

(스윽)

- 너 밥 아직 안 먹었어?
- 먹었지!

- 근데 또 먹어?
- 당연하지

다롬이의 하루

(툭)

우리가 닮았다고?!

- 짱 웃기네 ㅋㅋㅋㅋㅋㅋㅋㅋ
- 바뀐 거 맞냐고 ㅋㅋㅋㅋㅋㅋㅋㅋㅋㅋ

근데 둘이 쌍둥이에요?

인스타 툰으로 만화를 연재할 때 출판을 염두에 두고 그리긴 했습니다.

하지만 독립출판의 벽은 높았습니다.

그렇게 출판의 꿈을 뒤로 미뤘는데요.

처음 미팅에서 대표님은 모르셨겠지만

이 기회를 꼭 잡겠다는 마음으로 갔습니다.

둘떠서 출판을 하기로 계약하고 바로 불안한 마음이 들었습니다.

그런 제가 끝까지 만화를 그릴 수 있었던 원동력은 인스타 툰에 달린 댓글 덕분 입니다. '재밌다', '공감된다'는 댓글에 용기가 났습니다. 특히 'CCTV 달았냐'는 댓글을 보고 '다른 자매들도 이렇게 사는구나', '우리만 이상한 게 아니구나' 하고 안심했답니다.

지금은 따로 살지만 어린 시절 함께 살며 소재를 제공해준 언니님과 동생님!

인사말을 교정해 주신 9년차 작가 다다 님!

일정관리, 건강관리, 자막 및 마무리 편집을 도와준 진진님!

저를 믿고 선택해 주신 오윤 출판사 직원분들과 대표님!

마지막으로 수많은 만화중에 제 만화를 봐주신 여러분!

우리는 친구 같은 자매

초판 1쇄	2024년 5월 22일
지은이	서콩

펴낸이	정나영
기획·편집	오운 편집부
디자인	제이

펴낸곳	오운
출판등록	제2020-000071호
주소	서울시 서초구 동산로2길 40 리라빌딩 203호
전화	031-262-1673
팩스	031-624-7673
홈페이지	www.owoon.co.kr
인스타그램	@book.owoon
전자우편	book.owoon@gmail.com (투고·편집)
	contact.owoon@gmail.com (유통·사업 제휴)

ISBN	979-11-92814-29-2 (03810)

ⓒ 서콩. 2024

* 잘못 만들어진 책은 구입하신 곳에서 바꾸어 드립니다.
* 저작자 서콩과 출판사 오운의 서면 허락 없이는 이 책의 내용 전체 또는 일부를 이용할 수 없으며 무단전재 및 무단복제를 엄격히 금지합니다.